LA FRANCE

ET

LE CONGRÈS

LA FRANCE

ET

LE CONGRÈS

PAR

LE COMTE DU MESNIL DU BUISSON

PARIS

IMPRIMERIE DE DUBUISSON ET Cᵉ
RUE COQ-HÉRON, 5

1860

LA FRANCE

ET

LE CONGRÈS

Le Congrès va se réunir ! Quel sera le rôle et la mission de la France ? De protéger le faible contre les oppresseurs ; de concilier à la fois les droits acquis et les vœux des nations ; de maintenir l'équilibre européen en fondant la paix sur des bases stables. Point de contestation à cet égard : tous les partis sont d'accord pour reconnaître que tel doit être le but du Congrès ; mais ils ne le sont plus sur le choix des moyens à employer pour obtenir ce résultat.

Indépendant et sans engagement pris avec aucune coterie, nous n'hésitons pas à le dire, les vœux des populations peuvent complétement s'allier avec les droits des souverains. Ainsi, doivent disparaître toutes les craintes de luttes que l'on semble redouter. Cette opinion n'est pas inspirée par un simple désir de conciliation : elle est aussi le résultat d'un séjour assez prolongé en Italie, et d'une étude consciencieuse des mœurs et des tendances de ses habitants. Citoyen toscan, nous croyons pouvoir dire que l'Italie, désirant s'affranchir d'une domination étrangère, songeait peut-être à s'unir dans une Ligue commune, mais que la très grande majorité aurait repoussé l'idée du renversement des princes qui la gouvernaient. Sans doute, il répugnait à la Lombardie d'être sous le sceptre de l'Autriche. Il était pénible, pour une province italienne, d'avoir à obéir à un gouvernement allemand ; mais dans la Toscane et les autres duchés, malgré les émissaires étrangers, la population honnête était calme. Si elle souhaitait quelques modifications administratives ou politiques, elle les attendait avec patience, confiante dans le désir de ses princes

de réaliser toutes les améliorations que réclamaient
les temps et les mœurs.

Pourquoi aurait-on voulu ces bouleversements que
la propagande révolutionnaire est parvenue à amener ? Un Parmesan, un Toscan, un Romain, payait-il
plus d'impôt, ou jouissait-il de moins de liberté qu'un
Piémontais ? Non, assurément. Les modes de percep-
tion pouvaient varier , les formes administratives
étaient peut-être différentes ; mais les charges finan-
cières étaient moins considérables, et le bien-être des
populations l'était davantage. Ce n'est donc pas dans
la vue d'une amélioration matérielle que ces peuples
pouvaient désirer un changement. Ce n'était pas non
plus par sentiment de dignité nationale, car ils for-
maient des États indépendants et italiens affranchis
de tout joug étranger.

Qui pourra oublier le noble refus de la duchesse-
régente de Parme d'accepter le secours armé de l'Autriche, et même son influence, au risque d'indisposer
contre elle un allié puissant ? Cette ferme volonté
d'indépendance était bien connue de tous. Le dictateur Farini, dernièrement encore, en fournissait la

preuve en publiant, dans le *Moniteur parmesan*, les lettres de cette princesse à.l'empereur d'Autriche.

La Toscane vivait heureuse sous'le sceptre de son grand-duc Léopold. Ses habitants savaient que leur souverain, en leur offrant tout le bien-être désirable, leur avait spontanément donné toute la liberté compatible avec le principe de l'autorité. Ils eussent énergiquement repoussé la proposition de renoncer à leur nationalité toscane pour devenir citoyens d'un État quelconque. Quoi qu'on en dise aujourd'hui encore, ils ne seraient guère flattés de voir Florence chef-lieu d'une province dépendante au lieu d'être la capitale de leur grand-duché.

Les Légations, qu'une violente secousse a si brusquement retranchées des États-Pontificaux, que leur manquait-il sous le gouvernement paternel de Pie IX?

D'où viendrait donc cette désaffection subite des peuples pour leurs souverains? A quoi attribuer cette

sorte de vertige qui pousse une nation indépendante à
vouloir perdre son individualité et son nom? Ce ne
saurait être au désir de donner plus de force au principe italien et de pouvoir ainsi plus facilement repousser les attaqués des autres peuples de races différentes, puisqu'une ligue fédérative aurait le même résultat. Tous les Etats de la Confédération germanique
n'ont point eu besoin de s'incorporer dans la Prusse
ou l'Autriche pour être Allemands.

Pourquoi tous ceux de l'Italie devraient-ils se fon-
dre avec le Piémont pour rester Italiens?

Les partisans de l'annexion au Piémont invoquent
un singulier droit public : *les faits accomplis*. C'est la
première fois qu'on propose à un Congrès de sanctionner une semblable doctrine, qui ne serait rien autre chose que l'approbation de la force brutale.

D'autres écrivains ont déjà énergiquement défendu
la cause des princes italiens et soutenu la légitimité de
leur pouvoir. Nous en tenons aussi grand compte, et

nous pensons que le Congrès la reconnaîtra. Nous avons la conviction que, défendre le droit des princes exilés, c'est aussi protéger celui des peuples : car assurément le premier de tous, c'est le droit de pouvoir librement émettre leur opinion sur les changements qui se sont faits dans le gouvernement. Qui pourrait dire qu'ils aient été, nous ne dirons pas amenés (ce serait trop demander), mais même qu'ils aient été sanctionnés par la majorité des suffrages? Il est constaté, par les gouvernements révolutionnaires eux-mêmes, qu'un dixième à peine de la population a pris part au scrutin. C'est sur une base semblable que se fonde une révolution ! On sait quels sont, dans ces temps de bouleversement, *les citoyens* les plus actifs à venir déposer leur bulletin dans l'urne électorale. Les tristes souvenirs de 1848 ne sont pas assez éloignés de nous pour avoir oublié ce qui se passait en France et ce qui a lieu dans tous les États en révolution. A ces *électeurs* toujours prêts à voter pour celui qui leur promettra trouble et désordre, si nous joignons les gens honnêtes mais timides, entraînés par la crainte du danger à des votes que leur cœur repousse, quel est le poids de ces suffrages si peu nombreux?

Les gouverneurs actuels des États italiens vous le déclareront sans hésiter. Les opinions diverses ont pu se manifester en toute liberté ; ils n'ont fait que se conformer aux vœux des populations qui réclamaient tous ces changements. Comment en douter ? Voyez plutôt ce qui se passe.

Un brave officier est reconnu à Parme dans un chemin de fer. La populace, comme il y en a partout, et qui n'a rien de commun avec l'honnête et laborieux ouvrier, le poursuit de ses clameurs et de ses menaces. Que lui reproche-t-on ? Des paroles en opposition avec le gouvernement de fait existant ? Non : il est seulement *suspect* de n'être pas partisan de ce gouvernement, car il était l'ami du défunt Duc. Semblable crime, dans ce *pays de liberté*, mérite la mort ; aussi, bientôt il est poignardé, son corps traîné dans la rue, et sa tête, séparée du tronc, placée sur une colonne au milieu d'une place publique. Cela se passe en présence de la *garde civique*, qui, bien entendu, ne met pas obstacle à cet assassinat, et qui ferme les yeux pour ne pas reconnaître les coupables. Les autorités ne veulent aussi rien voir : car elles savent que frapper les soldats de cettte *noble phalange démagogique*, c'est se suicider elles-mêmes en portant le mécontentement parmi leurs plus fidèles amis. Oh ! c'est un homme habile que M. Farini, dictateur du **GOUVERNEMENT DE L'ÉMILIE !** Il

sait à la fois ménager les susceptibilités des Etats
étrangers assez arriérés pour ne pas précisément
approuver de semblables actions, et en même temps
ménager l'impunité aux siens. L'assassin ne sera pas
poursuivi, mais la colonne sur laquelle fut placée la
tête du malheureux colonel Anviti sera démolie. Qui
oserait même formuler un blâme après une si écla-
tante réparation? Comment surtout se plaindre en
voyant combien le Piémont et ses agents savent fournir
de liberté aux pays qu'ils prétendent s'adjoindre? En
voici un nouvel et touchant exemple : Le décret sarde
de 1854, punissant les ministres des cultes qui blâ-
meraient, par paroles ou écrits, le gouvernement,
vient d'être mis en vigueur dans les Provinces italiennes qu'administre M. Farini. En quoi donc
consiste la liberté? A pouvoir se prononcer pour
l'annexion au Piémont. Rien de plus. Ceux-là sont
déjà courageux qui ont protesté par leur abstention
au scrutin , car les clubs règnent partout. Ce n'est
pas assez d'accorder l'impunité aux assassins, il faut
encore leur faire des ovations. Ce paternel régime de
l'intimidation a même contraint des gens fort honnêtes à mettre leur nom sur la liste de souscription en
faveur d'Azzi.

Ce qui se passe dans les provinces en insurrection est enveloppé de ténèbres ; on cherche à ne laisser pénétrer au dehors que des nouvelles *arrangées*. Cependant des symptômes d'opposition commencent à se manifester en Italie : l'Assemblée toscane repousse les arrangements qui appellent le commandeur Buoncompagni au gouvernement de la Ligue ; c'est à grand'peine que l'on parvient à persuader aux populations mécontentes que l'acceptation de l'envoyé du roi Victor-Emmanuel est une nécessité de la défense de la cause nationale. Les rapports amicaux entre le Piémont et la Toscane sont déjà fort altérés : cette dernière a catégoriquement déclaré au Piémont qu'elle pouvait très bien se passer de son concours. Dans les actes officiels, on parvient à dissimuler un peu ce désaccord, mais il est impossible d'en étouffer autrement l'expression, qui transpire à chaque instant dans toutes les occasions.

La Lombardie elle-même, que le traité de Zurich attribue définitivement au Piémont, ne semblé pas rencontrer tous les avantages sur lesquels elle comptait. Dernièrement, le maire de Milan, le comte Belgiojoso, allait porter à Turin les réclamations des habitants de cette ville contre les mesures prises pour l'établissement des impôts. Partout on gémit sans oser se plaindre, même dans les lettres à l'étranger. Emettre un avis opposé à l'annexion est un crime d'Etat.

Les faits accomplis! quels mots puissants, et comme on en peut tirer parti! Ce n'est pas la première fois, du reste, que le Piémont vient s'appuyer sur ce droit étrange. Une longue expérience lui a appris l'art d'exciter les révoltes des autres États et d'en profiter. Déjà, en 1848, ne s'est-il pas, sans autre droit que celui du fort contre le faible, emparé de la ville de Menton et de son territoire, qu'une émeute habilement ménagée enlevait au prince de Monaco?

Victor-Emmanuel a fait beaucoup, mais il lui reste encore beaucoup à faire. Voyez plutôt ce qu'en pense *son général Garibaldi!* écoutez-le dans son allocution à la garde nationale de Milan :

« *La paix de Villafranca a laissé un vaste champ*
» *à la bravoure italienne. La France, qui nous a donné*
» *son concours pour délivrer une partie de l'Italie, a*
» *voulu nous laisser l'honneur d'affranchir ceux de*
» *nos frères qui sont opprimés et de délivrer toute notre*

» *Italie par la force des armes italiennes. Ce qu'il faut*
» *avant tout, c'est s'armer vite et en grand nombre.* »—
Et ailleurs : « *Marchons, la diplomatie finira par*
céder. »

Le but de la lutte en Italie est résumé dans cette
expression du même général en remerciant les sous-
cripteurs de Glascow : *Secouer la double domination*
de l'Autriche et celle des prêtres, non moins dure et
cruelle.

Nous voulons encore l'espérer, le roi de Piémont
reculera devant de semblables idées. Il sentira que
des amis trop zélés l'ont poussé dans une voie où il
ne saurait marcher davantage ; il comprendra qu'au
moment où il vient de signer le traité de Zurich qui,
ratifiant les préliminaires de Villafranca, lui assure
la Lombardie, il doit s'y conformer dans toutes ses
parties. Serait-il donc possible à un prince de n'accepter dans un traité que les avantages qu'il lui offre,
en repoussant ce qui lui conviendrait moins ? Qui
pourrait admettre que l'accroissement de terrain et
de puissance qui résulte pour le Piémont de la cession
de la Lombardie, ne fût qu'un moyen de plus pour
briser les autres stipulations du traité même qui la
lui donne ? Pour tout homme de bonne foi, accepter

la Lombardie, c'est renoncer à envahir la Vénétie,
comme à discuter les droits du Pape et des Ducs ex-
pulsés à reprendre leurs États. Ces droits ont été consa-
crés par les stipulations de Zurich, et ceux-là surtout
qui ont profité de ce traité peuvent le nier moins que
personne.

Victor-Emmanuel, c'est à votre cœur, à votre loyauté
que nous faisons appel. Vous vous êtes bien avancé ;
vos émissaires, sous les noms de généraux, présidents
ou dictateurs, ont occupé toute l'Italie. La nomination
aux fonctions de plénipotentiaire près le Congrès d'un
diplomate dont nous ne voulons pas contester l'hono-
rabilité, mais qui témoignait de son refus d'accepter
la paix sur les bases des préliminaires de Villafranca,
en résignant, le jour même de leur signature, ses
fonctions de premier ministre, aura sans doute éveillé
bien des défiances en Europe. Cependant il est temps
encore. Témoignez, par une déclaration franche et
sincère, votre volonté de ne pas attaquer des traités
que vous avez signés. Renoncez à envahir les Etats
des princes dont vous avez reconnu les droits.
Fils du pieux Charles-Albert, vous l'avez imité dans
son désir de constituer l'Italie ; imitez-le aussi dans
son respect pour le Saint-Père ; ne cherchez pas
à lui arracher son patrimoine. Vous aurez ainsi

montré que vous êtes le loyal et fidèle champion de l'Italie, sans être mu par aucune pensée d'intérêt personnel!

Nous le disons avec une ferme confiance, l'annexion au Piémont n'est populaire ni dans les Romagnes ni dans les autres Etats insurgés. Les soldats de l'armée de Farini, enrôlés malgré eux, viennent demander à entrer dans les troupes pontificales, en promettant fidélité au Saint-Père, dont les domaines peuvent être entièrement conservés sans employer la force.

La puissance temporelle, condition absolue de l'indépendance morale, est nécessaire à la dignité du Saint-Siége; son maintien intégral est reconnu, par tous les hommes consciencieux, comme indispensable à l'ordre européen. Ceux-là seulement en réclament l'abolition qui espèrent que sa destruction amènerait bientôt celle de la puissance spirituelle. Combien il est regrettable de voir à chaque instant discuter le plus ou moins d'étendue à laisser à ce pouvoir temporel par des écrivains qui s'en déclarent les plus zélés partisans! Pourquoi vouloir faire du Pape une sorte de souverain fantastique, qui aura la puissance seulement à la condition de ne pas l'exercer? une espèce de roi fainéant chargé tout au plus de contresigner les ordres que lui dicteraient ses peuples ou l'armée fédérale, soustraite même à son influence?

Vous reconnaissez la nécessité du pouvoir du Saint-Père, et vous le faites sortir des conditions qui peuvent assurer sa stabilité. Vous le voulez indépendant, et vous le placez sous la dépendance de tous : sous celle de ses sujets, sur lesquels il n'aura aucune autorité réelle ; sous celle des autres nations, qui devront pourvoir à son traitement ; sous celle de son armée, qu'il ne pourra ni choisir ni diriger. Vous dites que ces troupes seront chargées d'assurer l'inviolabilité du Pape. Ne serait-il pas plus juste de dire qu'il sera soumis à leur garde? Triste et nouveau moyen d'assurer la dignité d'un glorieux Pontife en le mettant à la merci de tous. Vous lui laisserez la seule ville de Rome, mais encore pourvu qu'il consente à la gouverner en dehors des règles ordinaires. Souverain sans États, monarque sans revenus, chef sans autorité, que serait-il donc, sinon un fonctionnaire salarié dépendant de ceux qui lui payent son traitement ou de qui il doit réclamer protection dans l'impossibilité où il est de se défendre lui-même?

Voici, du reste, la position que lui réservent des écrivains qui se prétendent ses amis.

« *Il doit vivre sans armée, sans représentation législative et pour ainsi dire sans code et sans justice.* » (Le Pape et le Congrès.)

Qui croira que ce soit un moyen d'assurer son pouvoir? D'ailleurs, si ce système est bon, s'il est à l'avantage du Souverain comme à celui de ses peuples, pourquoi l'appliquer à Rome seul? S'il ne l'est pas, de quel droit l'imposer à cette ville plutôt qu'à toutes les provinces?

Ce sont précisément ceux qui parlent le plus haut des droits des peuples, de la nécessité d'élever l'esprit des nations, qui veulent réduire les Romains à l'inaction, leur ravir cette part d'activité, qui est le stimulant du patriotisme dans tous les autres pays. Pour faire aimer le gouvernement du Souverain Pontife, on enlève à ses peuples toute possibilité d'arriver à la gloire du soldat, de l'orateur et de l'homme d'État.

Momifier pour ainsi dire leur intelligence comme

leur corps, les faire vivre dans une contemplation perpétuelle en dehors de toute activité : voilà ce que l'on propose à de nobles cœurs, à des hommes qui ont le sentiment de leur dignité personnelle. Est-il possible qu'ils acceptent? S'ils s'y refusent, comment et en vertu de quelle autorité les forcera-t-on à subir cette situation anormale? Serait-il rationnel de repousser avec énergie la pensée de faire rentrer par la force, sous la puissance du Saint-Père, les Romagnes, qui étaient heureuses et dans les conditions habituelles de la vie politique, puis de vouloir employer semblable moyen pour contraindre les citoyens de Rome à se soumettre à cette position si bizarre? Poser ainsi nettement la question, c'est la résoudre. Un droit d'intervention armée ne pourrait pas se justifier dans un cas plutôt que dans l'autre. Il serait aussi injuste de sacrifier une ville qu'une province. A ces hommes, qui n'auront d'autre usage possible de leur intelligence que la vue continuelle de leurs monuments et des cérémonies pontificales, comment oser dire qu'ils seraient fiers d'être citoyens Romains?

Pour assurer la durée du pouvoir temporel du Saint-Père, il ne faut pas lui enlever tous les germes de la vitalité et tous les moyens de se fortifier. On ne retranche pas complétement la séve à l'arbre que l'on veut faire vivre.

Qu'est-il donc besoin de rêver un gouvernement exceptionnel pour le Pape? Il a les mêmes droits à l'exercice intégral de son pouvoir que les autres princes. Si la conservation de ses États est nécessaire à la dignité et à la liberté de l'Église, pourquoi lui interdire l'armée qui doit les défendre? Lorsqu'il ne demande que le maintien de son territoire, dont les revenus lui suffisent pour entretenir la splendeur convenable au Chef spirituel de deux cents millions de catholiques, dans quel but vouloir le réduire à tendre la main et à recevoir une subvention des autres nations? Nous ne discuterons pas plus longtemps une proposition si dangereuse par sa nature, et ne pouvant, dans aucun cas, offrir d'avantages à personne. Qui profiterait de ces bouleversements que l'on projette?

Seraient-ce les Romagnols ou les habitants des autres États en insurrection? Non, assurément! ils savent déjà, à leurs dépens, combien l'épée d'un roi constitutionnel est plus lourde que la houlette d'un pasteur.

Serait-ce le Piémont? Mais cette agglomération de citoyens d'États différents, qui ont leur nationalité propre, sera un embarras pour lui-même par leur scission et leur rivalité entre eux. Un mouvement d'efferves-

cence a pu les pousser vers le Piémont ; un moment
de calme réflexion leur ferait bientôt regretter l'annexion.

Serait-ce la France ? Elle a déjà appris à ne guère
compter sur un allié qu'on lui disait de faire plus
fort pour trouver en lui à l'occasion un concours plus
puissant. Au moment où le Piémont doit désirer plus
que jamais de ne pas mécontenter une puissante al-
liée, on voit comment il accueille ses conseils. Que se-
ra-ce lorsqu'il n'aura plus besoin de son appui ?

Nous avons la conviction que la restauration du
Pape dans les Romagnes, et des Princes dépossédés
dans leurs duchés, peut se faire sans contrarier la volonté nationale. Que de fois cependant n'a-t-elle pas
dû fléchir devant des raisons politiques !

Le vœu de la Valachie et de la Modalvie était d'être
unies, d'échapper à la suzeraineté de l'Empire otto-
man. On n'a consenti à leur accorder aucune de leurs
demandes. Elles n'ont pu faire sanctionner l'union,
et il leur a fallu rester vassales de la Turquie, qui ne
saurait, à cause des différences de religion et de race,
manquer de leur être antipathique.

Disons en passant combien ceux-là qui proclament le plus haut la nécessité de se soumettre à la volonté nationale, en font bon marché en ce qui les concerne.

Est-ce la volonté nationale qui réclame la domination anglaise dans l'Inde? De quel crime était coupable le roi d'Oude, retenu si longtemps prisonnier, si ce n'est de n'avoir pas voulu renoncer à sa nationalité pour incorporer son royaume dans les possessions anglaises?

Le Piémont sait fort bien qu'il ne serait pas prudent de permettre à la Savoie d'émettre un vote sur la nationalité qu'elle préfère. Il n'ignore pas que française de langage et de cœur, elle ne demanderait qu'à le devenir tout à fait. Aussi, loin de favoriser l'expression du vœu national dans cette province, Victor-Emmanuel travaille-t-il à le comprimer de toutes les manières.

Nous n'en doutons pas, l'Empereur des Français, qui a reconnu, par un traité solennel, le droit des Ducs à reprendre leurs États, ne voudra pas les en laisser déposséder.

Napoléon, qui a relevé le trône du Vatican en se disant le fils respectueux du Saint-Père, qui a protesté de son dévouement envers lui dans toutes les circonstances, et notamment au début de la guerre italienne, sera fidèle à ses engagements. Il se rappellera que les Romagnes ont été données il y a plus de onze siècles au Saint-Siége par la France. Que le roi Louis XII prêtait son concours au Pape Jules II pour les faire rentrer sous son sceptre lorsqu'on voulait les lui enlever. Il tiendra à honneur de marcher sur les traces de ces rois dont il est le successeur, en défendant aussi les Etats attaqués du Saint-Père. — Le Pape Pie VI a cédé les Romagnes à la République française en 1797 par le traité de Tolentino. Qu'est-il donc besoin de discuter le plus ou moins de liberté avec laquelle il aurait agi? Il était libre assurément, mais il l'était comme la France lorsqu'elle signa en 1815 les traités qui lui enlevaient toutes ses conquêtes; comme l'était l'empereur d'Autriche quand il dut ratifier les préliminaires de Villafranca qui lui retranchaient la Lombardie : c'est-à-dire qu'il avait le choix entre céder une partie ou se voir enlever le tout en cas de refus. Pie VII réclama les Romagnes, et n'ayant pu les obtenir, n'en signa pas moins le concordat avec Bonaparte. Peut-on trouver dans ce précédent un titre pour les ravir de nouveau au Saint-Siége? Ses droits à les recouvrer ont été reconnus; elles lui ont été restituées plus tard; il est juste de les lui conserver. Ces traités de 1815, nous ne prétendons les défendre en aucune manière; disons seulement que, s'ils ont rendu les Romagnes au Saint-Siége, ils ont aussi reconstitué le royaume de Piémont.

Pour rétablir le Pape et les Ducs dans leurs États, il n'existe, dit-on, que deux moyens: — la force et la persuasion. — Nous repoussons sans hésiter le premier. S'il est vrai que le second ait échoué, que toutes les tentatives de la diplomatie pour amener une conciliation aient été impuissantes, nous en proposons hardiment un troisième, qui, selon nous, ne peut manquer de réussir : — fournir aux populations le moyen d'émettre librement leur vœu, c'est-à-dire les sauver de la pression étrangère; — les dégager de l'étreinte des Piémontais, qui, dans un but d'annexion, ont envahi tous les pouvoirs et toutes les fonctions. Peut-être l'envoi d'une armée sera-t-il nécessaire pour obtenir ce résultat. La France serait alors, une fois de plus, fidèle à ses traditions. Elle irait, non pour opprimer les peuples, mais pour les affranchir du joug, qui, pesant sur eux, empêche la sincère manifestation de leurs sentiments.

Si nous pensons qu'il est juste que les droits réservés par les traités soient maintenus pour tous, nous avons aussi la ferme confiance qu'ils seraient sanctionnés par le vote des peuples, lorsqu'on leur aura rendu la liberté de se prononcer. — Cette noble mission revient de droit à la France, qui a su montrer dans la lutte contre l'Autriche toute sa force et sa modération.

Napoléon ne sera pas sourd au cri de détresse de l'Italie, qui a foi en lui. Il a porté aussi haut que possible le drapeau de la France. Sa gloire militaire n'a désormais aucun lustre de plus à pouvoir lui offrir. — Une gloire plus brillante encore lui est réservée, c'est celle de pacificateur. Quel beau rôle que celui du souverain qui, dans la guerre, apporte toujours la victoire aux nations pour lesquelles il combat, puis à la paix ne demande d'autre prix de ses triomphes que le droit de veiller à la libre manifestation de l'opinion nationale et de l'appuyer de sa vaillante épée !

Malgré l'ajournement du Congrès, nous ne saurions renoncer à l'espérance de le voir se réunir bientôt.

Nous respectons trop les puissances qui doivent y prendre part, pour vouloir même supposer qu'elles songeraient à laisser faire par le Piémont un envahissement qu'elles n'oseraient sanctionner officiellement de leur approbation. Le Congrès viendra, par son vote et ses décisions, appuyer de sa force morale la mesure dont la glorieuse exécution appartient à la France.

Attendons donc avec pleine confiance dans la sagesse des personnages éminents que toutes les nations ont envoyés pour les représenter au Congrès ! Espérons que tous les différends entre des hommes consciencieux et sincères s'arrêteront devant l'abîme des révolutions qu'il s'agit de fermer !

Fasse le Ciel que les hommes de cœur comprennent enfin qu'ils ne doivent plus former qu'un seul camp pour protéger la fidélité aux traités ! Qu'ils soient tous unis pour défendre la liberté des peuples et le patrimoine du successeur de saint Pierre !

PARIS, IMP. DE DUBUISSON ET Cᵉ, RUE COQ-HÉRON, 5.

www.ingramcontent.com/pod-product-compliance
Ingram Content Group UK Ltd.
Pitfield, Milton Keynes, MK11 3LW, UK
UKHW021638130726
13696UKWH00005B/2269